Hamster chinois

Hamster de Campbell

Prendre soin de ses hamsters nains

Apprenez les quelques réflexes indispensables pour nourrir et entretenir convenablement vos hamsters et que faire en cas de naissances, pour que tout se passe au mieux avec les jeunes.

Des rongeurs mini-format

Les hamsters nains rencontrent aujourd'hui un beau succès, surtout celui nommé « hamster russe ». Nous verrons que cette appellation n'est pas toujours utilisée à bon escient. Si les amateurs de petits rongeurs plébiscitent ces hamsters au gabarit mini, il existe plusieurs raisons évidentes. Ils tiennent peu de place et il est donc facile d'en détenir plusieurs, individuellement ou en petits groupes. De la même manière, ils dégagent peu d'odeurs et leur entretien est simple et rapide : ce ne sont pas des animaux salissants. Relativement robustes, leur caractère est souvent plus aimable que celui de leur cousin, le hamster de Syrie *(Mesocricetus auratus)*, également appelé hamster doré, terme qui prête aussi un peu à confusion car il est parfois aussi attribué au gros hamster d'Europe *(Cricetus cricetus)*. Néanmoins, toutes les espèces de hamsters nains ne sont pas également aisées à manipuler, soit en raison de leur petitesse et de leur vivacité, soit en raison d'une propension à mordre celui qui tente de les attraper, ce qui est fréquemment reproché au hamster de Syrie ! En réalité, bien que chaque individu possède son caractère propre, l'attitude vis-à-vis de l'homme dépend beaucoup de la façon dont le sujet a été élevé et familiarisé, dès le plus jeune âge.

Hamster russe

Tout savoir sur les hamsters nains

Qu'est-ce qu'un hamster nain ?

L'évidence voudrait que l'on réponde ainsi à cette question : c'est un hamster de petite taille ! Cette réponse simple n'est pas très éloignée de la vérité.

▸ **Un hamster est un mammifère rongeur,** qui allaite ses petits et se caractérise par la présence de deux longues incisives sur chaque mâchoire, lesquelles poussent en continu tout au long de la vie de l'animal, et l'absence de canines et de prémolaires.

▸ **L'ordre des rongeurs rassemble 29 familles,** dont celle des Muridés avec 1 336 espèces comprenant souris, rats, gerbilles, campagnols, lemmings et hamsters. Ses membres se caractérisent notamment par la formule dentaire : 1/0/0/3. Cela signifie que, par demi-mâchoire, nous avons une incisive et trois molaires, soit 16 dents au total.

▸ **Nos hamsters ont leur propre sous-famille : les Cricétinés,** avec 9 genres et 25 espèces. Ce sont des animaux au corps trapu et 5 doigts à chaque patte. Nocturnes et souvent solitaires, leur gabarit va de moins de 20 g à presque 1 kg ! Là, il est facile de comprendre pourquoi on affuble de l'adjectif « nain » les plus petites espèces, relativement au plus gros, le hamster d'Europe, présent dans l'Est de la France.

▸ **Le mot hamster** vient de l'allemand « hamstern », qui signifie « amasser », « empiler », en relation avec l'habitude de ces animaux qui consiste à faire des provisions et à transporter les aliments dans des poches buccales appelées « abajoues ».

▸ **Les hamsters nains sont répartis en 4 genres,** mais deux seulement comportent des espèces élevées comme animaux de compagnie :

Hamster de Roborovski, le plus petit.

- *Phodopus* : les hamsters nains à queue courte
- *Cricetulus* : les hamsters nains gris.

▸ **Le genre *Phodopus*,** comporte 3 espèces dont la queue est quasiment invisible, dissimulée dans la fourrure, bien qu'elle puisse dépasser le centimètre, d'où leur nom.

- **Le hamster russe** *(Phodopus sungorus)*, originaire de l'Est du Kazakhstan et du Sud-Ouest de la Sibérie.
- **Le hamster de Campbell** *(Phodopus campbelli)*, qui nous vient de Mongolie, de Mandchourie et des zones limitrophes du Nord-Est de la Chine.
- **Le hamster de Roborovski** *(Phodopus roborovskii)* : le plus petit, dont l'aire de répartition va de la pointe Est du Kazakhstan au Sud-Ouest de la Mongolie et au Nord de la Chine, en Mandchourie et au Sin-Kiang.

▸ **Le genre *Cricetulus*** comprend 7 espèces, plus grosses et allongées que les précédentes, avec une queue bien visible, qui n'est représenté en captivité que par une seule espèce : le hamster chinois *(Cricetulus griseus)*, lequel nous vient... de Chine !

Hamster chinois, *dont la queue plus longue est nettement visible.*

À SAVOIR

À propos de noms : la confusion !

Les hamsters nains du genre *Phodopus* ont été affublés de multiples noms communs. Ainsi, le hamster russe est-il quelquefois encore appelé « hamster de Dzoungarie », en référence à l'ancienne désignation de la province chinoise du Sin-Kiang. C'est d'ailleurs la signification du latin *sungorus*. Or, le hamster russe n'est pas présent dans cette région, c'est son proche cousin qui s'y trouve ! Les Anglo-Saxons utilisent plutôt ce nom pour désigner le hamster de Campbell, mais si cela est juste d'un point de vue géographique, c'est contraire au nom scientifique. Cela vient du fait que les deux espèces étaient considérées comme n'en faisant qu'une. Bref, cette appellation est source de confusion et nous l'éviterons. Le hamster russe est également qualifié de « hamster de Sibérie » ou, par les anglophones, de « dwarf winter white russian hamster », c'est-à-dire de hamster russe blanc en hiver. Plus rarement, on entend parler de hamster russe de l'Est pour le premier et de hamster russe de l'Ouest pour le Campbell. Quand au petit hamster de Roborovski, on le trouve parfois en tant que « hamster du désert ».

Le hamster russe
(Phodopus sungorus)

C'est le plus populaire des hamsters nains. Il faut dire qu'il possède une jolie frimousse et un caractère plutôt agréable.

▸ **La forme naturelle** est, sur le dos, d'un beau gris ardoisé. Chaque poil est terminé de noir, ce qui donne de l'intensité au gris. Une bande foncée court du nez à la queue. Les oreilles sont noirâtres et soulignées à l'arrière d'un liseré blanc. Souvent, on retrouve un peu de blanc au-dessus des yeux. Le dessous de l'animal exhibe un blanc pur, qui remonte sur les flancs et jusque sur les côtés du museau. La jointure entre le blanc et le gris, au niveau des flancs, est marquée par une ligne irrégulière marron grisâtre. La silhouette générale est ronde, trapue, avec la tête convexe. Les yeux sont noirs. Ce hamster mesure une dizaine de centimètres de long.

▸ **À l'approche de l'hiver,** le pelage blanchit, si l'animal est exposé au froid. Il ne subsiste en général que quelques marques grises éparses, notamment sur la tête et les épaules. À partir de février, le gris réapparaît progressivement. Lorsque le hamster russe est gardé à la maison, il ne change pas de robe l'hiver. Il tend seulement à pâlir un peu et à se montrer moins actif.

▸ **Notre hamster russe possède des abajoues** pour transporter la nourriture jusqu'au nid. Il est également doté de

Le hamster russe est relativement sociable.

Le hamster russe vit dans des tunnels à l'état sauvage.

glandes odorantes qui lui servent à marquer son territoire, à communiquer avec ses semblables et à reconnaître son groupe. Celles-ci existent chez les deux sexes et sont situées sur le ventre, à l'arrière des oreilles et au niveau des abajoues.

▸ **Dans son milieu naturel,** les steppes arides, il creuse des tunnels à une profondeur d'au moins 30 cm et quelquefois bien au-delà. En général, 4 à 6 tunnels rejoignent son terrier, où il stocke sa nourriture, s'abrite du froid et des prédateurs et élève ses petits. Lorsque la température chute, le hamster russe obstrue les entrées. Pour conserver la température, le dortoir est tapissé de mousse et de poils de différents mammifères.

À SAVOIR

Un peu d'histoire

Les premières descriptions remontent à 1773, par Pallas, qui lui donnait le nom de *Mus sungorus*, Mus étant le genre des souris ! C'est seulement en 1912 qu'Hollister lui affecte le nom scientifique actuel. Dans les années 1960, il était étudié comme animal de laboratoire, notamment à l'institut de Physiologie Comparée Max Planck en Allemagne. Reproduit dans cet institut, il en est sorti pour devenir l'animal de compagnie que l'on connaît. La plupart des sujets présents en animalerie sont issus de ce laboratoire.

Des études en laboratoires ont montré qu'une partie (n'excédant pas 30 %) des animaux devenait indolente avec le froid. Il ne s'agit pas d'une hibernation, dans la mesure où c'est un processus plus bref, qui ne dure souvent que quelques heures. Néanmoins, ce phénomène, appelé torpeur, amène le hamster à ralentir son métabolisme de près de 70 %. Sa température corporelle chute de 37 °C à 21 °C et son rythme cardiaque de 350 à 70 pulsations par minute. Dans cet état, l'animal ne réagit pas si on le touche et il lui faut plusieurs heures pour en sortir complètement. C'est une manière d'économiser ses ressources, lorsque la température chute ou si la nourriture vient à manquer, principalement de janvier à mars.

Le Hamster russe est plutôt docile avec l'homme.

- **Le hamster russe possède une caractéristique physique étonnante :** il a le dessous des pattes velu ! Les scientifiques avancent deux explications possibles à cela. La première est qu'ainsi, l'animal serait mieux isolé du froid. La seconde serait de lui permettre de se déplacer plus facilement et plus rapidement dans les zones sableuses meubles qui constituent une partie de son habitat.
- **À l'état sauvage, c'est un animal relativement sociable,** contrairement à beaucoup d'espèces de hamsters. Il vit souvent en petites communautés, avec un mâle, plusieurs femelles et des jeunes, mais aussi en couples isolés. Même si son rôle n'est pas indispensable, le père s'occupe des jeunes avec la mère et, y compris en captivité, se montre très rarement agressif avec eux.
- **Ce sont des animaux actifs le matin tôt, un peu moins le soir et quelquefois toute la nuit.** La quête de la nourriture repré-

sente naturellement la plus grosse activité. Dans la journée, et c'est encore plus vrai à la maison, il passe le plus clair de son temps dans son abri, à dormir.

▸ **Son régime alimentaire** est constitué de graines et de végétaux divers, ainsi que d'insectes. Il ne boit pratiquement pas et trouve l'eau dont il a besoin en grande partie dans son alimentation. Les aliments « frais », tels que les fruits, sont donc inconnus du hamster russe sauvage : il faudra s'en souvenir !

▸ **La reproduction, dans sa contrée d'origine, a lieu du milieu du printemps jusqu'en octobre** et il peut y avoir ainsi 3 portées par an. Chacune des portées peut donner de 1 jusqu'à 8 ou 9 petits.

▸ **En captivité, le hamster russe est un animal relativement calme et facile à vivre.** Pour peu qu'il ait été manipulé jeune, il n'est pas agressif et mord rarement. Bien évidemment, le caractère peut varier d'un individu à l'autre, et il existe des grognons peu sociables, quelquefois prompts à pincer, mais ce sont des exceptions. En revanche, un animal qui n'a pas été familiarisé jeune ne se laissera pas toucher avec autant de facilité : il demeurera craintif et se mettra souvent en position de défense à l'approche des doigts : couché sur le dos, il crie vigoureusement. De même, Il faut éviter de le réveiller brusquement lorsqu'il est endormi et de plonger la main dans le nid. Cela peut se comprendre aisément ! Enfin, tendre son index à un rongeur n'est pas une bonne idée : l'animal croit qu'on lui tend quelque chose et son premier réflexe est... d'y goûter ! Même si la morsure n'est pas bien méchante, le pincement entraîne souvent une réaction de peur, surtout avec un enfant. Là où il est possible de se faire mordre durement, c'est lorsque deux sujets se battent et que l'on tente de les séparer.

C'est un animal plutôt nocturne, qui se cache dans la journée.

À SAVOIR

Fiche d'identité du hamster russe

Longueur du corps : environ 10 cm. La femelle étant généralement un peu plus petite.
Poids : de 30 à 55 g.
Rythme cardiaque : 350 pulsations/min.
Longévité : 2 ans environ, quelquefois jusqu'à 3 ans.
Nombre de chromosomes : 28.
Nombre de mamelles chez la femelle : 8.

Le hamster de Campbell (*Phodopus campbelli*)

Très proche cousin du hamster russe, celui-ci diffère néanmoins sur quelques points fondamentaux, qu'il est bon de connaître.

▸ **La forme naturelle ou sauvage** possède un pelage sable brunâtre sur le dos et la tête, avec un trait longitudinal marron très foncé allant depuis la tête jusqu'à la queue. Chaque poil est terminé de noir, ce qui confère au-dessus de l'animal un aspect grisâtre. Le ventre, la gorge et les flancs sont crème. La couleur claire remonte assez haut sur le museau, les joues et les épaules. La ligne de démarcation entre le dessous du corps clair et le dessus est un peu plus marron que le dos et très irrégulière. Les yeux sont noirs. Il existe, là aussi, de nombreuses variétés de couleur que nous verrons plus loin.

Le dessous du corps est aussi moins blanc que chez le hamster russe.

▸ **Peut-on différencier le hamster de Campbell du hamster russe ?** La réponse est oui, en théorie, et, ce, grâce à plusieurs indices :
- Le hamster de Campbell est un peu plus petit, en général moins de 10 cm, la femelle étant, là aussi, d'un gabarit normalement inférieur au mâle.
- La teinte générale du dos est nettement plus marron.
- La ligne sombre est typiquement plus étroite.
- Le dessous du corps n'est pas blanc pur, mais crème et remonte de façon beaucoup plus irrégulière sur les flancs.
- La forme de la tête est moins convexe, plus allongée et la silhouette moins trapue, plus fine, avec la queue mieux visible.
- Enfin, au niveau du caractère, le hamster de Campbell est plus vif, plus remuant, mais moins sociable. Il a tendance à mordre plus facilement.

Bien évidemment, les différences physiques énoncées ci-dessus concernent essentiellement des formes naturelles. Avec les multiples variétés de couleurs, il est parfois plus délicat de se prononcer. C'est d'autant plus vrai que l'on trouve maintenant des hybrides des deux espèces, ce qui n'est pas une bonne chose.

▸ **À l'état sauvage, le hamster de Campbell habite des régions arides,** comme son cousin. Toutefois, il préfère les sols plus durs, où il creuse un ter-

Le signe distinctif le plus évident est la ligne dorsale plus fine que chez son cousin russe (ici mutation opale).

rier avec plusieurs tunnels. Son nid contient de nombreux matériaux de garnissage, car il est sensible au froid. Cette sensibilité, encore plus marquée pour les jeunes, explique certainement le rôle très important du père lors de la reproduction. En effet, il participe activement à réchauffer les petits, notamment quand la femelle part se nourrir. Son alimentation est identique à celle du hamster russe. Il est encore plus économe en eau que ce dernier.

À SAVOIR

Un peu d'histoire

Ce hamster nain a été nommé ainsi d'après Thomas Campbell, qui découvrit le premier spécimen en Mongolie, en 1902. On a, dans un premier temps, estimé qu'il s'agissait de la même espèce que le hamster russe, notamment parce qu'il possédait le même nombre de chromosomes et que les deux espèces pouvaient s'hybrider. Il a ensuite été baptisé *Cricetulus campbelli* en 1905. Ce n'est qu'en 1912 qu'Hollister lui donna son nom actuel. Le hamster de Campbell a, lui aussi, d'abord été étudié et reproduit en laboratoire. C'est à Leningrad que la première colonie captive a vu le jour, au début du XXe siècle, mais ce n'est que dans les années 1970 qu'il fut introduit dans le commerce animalier, au Royaume-Uni.

▸ **Comme son cousin le hamster russe,** notre ami possède des poils sur le dessous des pattes, ainsi que des abajoues destinées au transport de la nourriture et des glandes odorantes pour communiquer ou marquer son territoire. Lui aussi est donc équipé pour vivre dans des zones arides. Son organisme est également habitué à économiser l'eau : les urines sont peu nombreuses et très concentrées. Plus lent que le hamster russe dans ses mouvements, il est assez facile à observer dans son milieu naturel, dans la mesure où une présence humaine ne le gêne pas beaucoup dans ses occupations, lesquelles sont essentiellement crépusculaires. Les scientifiques ont noté que son activité présentait un pic aux alentours de 6 h 00 du matin.

▸ **L'hybridation avec le hamster russe** est possible et même facile : les deux espèces possèdent le même nombre de chromosomes. Naturellement, il faut éviter ce genre de croisements, afin de conserver des espèces pures. Étant donné que les coloris de pelage sont très nombreux, il est tentant pour certains d'introduire ceux-ci au sein de la lignée hamster russe. Néanmoins, ce n'est pas aussi simple, notamment en raison d'une agressivité potentielle d'une espèce envers l'autre. De plus, les études effectuées en laboratoire démontrent que les rejetons issus du croisement sont en général stériles dans le cas des mâles et de piètre fertilité pour les femelles. Cela tend à conforter l'idée qu'il s'agit bien d'espèces séparées.

▸ **Le hamster de Campbell a été longuement étudié en laboratoire.** En effet, ces animaux sont sujets à certaines maladies, comme l'obésité ou le cancer, que l'on retrouve chez l'homme. Ils ont donc été utilisés comme modèles pour comprendre le cheminement de ces pathologies.

▸ **En captivité, le hamster de Campbell est moins populaire que son cousin russe,** au moins en France. Bien qu'il existe, comme nous le verrons, une kyrielle de coloris, dont certains vraiment superbes, son caractère

Le comportement social du hamster de Campbell est plus délicat que chez le hamster russe (ici, un Campbell naturel et une mutation opale).

Chez le hamster de Campbell, la queue est plus visible que chez son cousin russe.

moins aimable le disqualifie auprès du public. Il se révèle souvent difficile à manipuler, voire même un peu agressif et il mord assez facilement (il existe des individus parfaitement calmes, mais le pourcentage de sujets pas très amicaux est plutôt élevé). Son comportement social est souvent plus difficile aussi. Plus territorial que le hamster russe à l'état sauvage, il a ainsi été observé que le territoire de la femelle pouvait, au moins en partie, coïncider avec celui du mâle, mais qu'en revanche, deux propriétés dédiées à des femelles ne se recouvraient jamais.

À SAVOIR

Fiche d'identité du hamster de Campbell

Longueur du corps : 8 à 10 cm, la femelle étant généralement un peu plus petite.
Poids : de 25 à 40 g (des sujets obèses peuvent néanmoins dépasser ce gabarit).
Longévité : 2 ans environ, quelquefois un peu plus.
Nombre de chromosomes : 28.
Nombre de mamelles chez la femelle : 8.

▸ C'est une espèce prolifique. D'avril à septembre, le hamster de Campbell à l'état sauvage peut produire jusqu'à 4 portées par an, avec une moyenne de 5 petits pour chacune. En captivité, la reproduction s'étale sur toute l'année et le nombre de jeunes est potentiellement important. Ross a ainsi pu dénombrer jusqu'à 18 portées dans la vie d'une femelle !

Le hamster de Roborovski (*Phodopus roborovskii*)

Ce minuscule hamster, sans atteindre la popularité de son cousin russe, rencontre néanmoins un joli succès auprès du public. Il faut bien dire que cette petite boule de poils pleine d'énergie ne manque pas d'attraits.

▸ **Son pelage est d'un joli ton sable chaud sur le dos, tirant quelquefois sur l'ocre.** Néanmoins, certains individus apparaissent plus grisés. Contrairement aux deux espèces précédentes, il n'y a pas de raie dorsale sombre. Les oreilles sont recouvertes de poils noirâtres. Le dessous du corps, les flancs, les pattes jusqu'aux épaules, la queue et les côtés du museau sont blancs. Une large tache blanche est également visible au-dessus de chaque œil et une plus petite à la base des oreilles. Comme ses cousins, le dessous des pattes est poilu, il possède une paire d'abajoues et une glande odorante sur le ventre, pour marquer son territoire.

▸ **Originaire de régions franchement désertiques,** comme l'indique l'un de ses noms

Le hamster de Roborovski ne possède pas de ligne dorsale.

À SAVOIR

Un peu d'histoire

Ses noms commun et scientifique lui ont été donnés en hommage au Lieutenant Roborovski, lequel participait à l'expédition russe Roborovski et Kozlov dans la région de Nan Shan. Celle-ci captura en juillet 1894 le premier hamster du désert. C'est Saturnin, en 1903, qui le décrit en tant que *Cricetulus roborovskii*. Comme ses cousins, il a d'abord été étudié en laboratoire, avant de devenir un animal de compagnie, dans les années 1970.

courants (hamster du désert), notre petit rongeur est doté d'un organisme qui sait économiser l'eau. Ses urines sont donc peu volumineuses et très concentrées. Il creuse des tunnels quelquefois étonnamment profonds pour un si petit animal : des records font état de galeries de presque 2 m ! Il y entasse ses réserves, constituées de graines et d'insectes. Compte tenu des régions inhospitalières où il vit, la nourriture est rare, les provisions sont donc indispensables. Le nid proprement dit est souvent garni de crin ou de poils d'animaux (moutons, chameaux).

▸ **C'est une espèce sociable, y compris à l'état naturel.** Il vit souvent en couple ou en petits groupes. Le rôle du père est d'ailleurs important pour l'élevage des jeunes. Actif en soirée et tôt le matin, quelquefois la nuit, c'est un hamster très vif et remuant, excellent sauteur.

▸ **En captivité, il se montre assez sociable et mord rarement.** En revanche, il ne devient pas réellement familier comme le hamster russe, par exemple. Il demeure plutôt farouche et cherche à fuir lorsqu'il aperçoit la main. De plus, c'est le roi de l'évasion. Sa petite taille lui permet de se glisser dans le moindre interstice et il est particulièrement rapide. Il faudra donc s'en souvenir lorsqu'il s'agira de choisir une cage. En revanche, il se montre nettement plus tolérant envers les siens que ses deux cousins. Les bagarres sont rares lorsqu'un petit groupe est établi, s'il a été constitué de bonne manière (voir plus loin).

Le hamster de Roborovski est une espèce sociable.

▸ **Il n'est pas aussi prolifique que les deux espèces précédentes.** Il se reproduit en effet moins bien et moins tôt dans sa vie. Des études ont démontré que le hamster de Roborovski était plus difficile que les autres dans le choix de son ou sa partenaire. Un couple constitué artificiellement peut donc ne jamais reproduire si mâle et femelle ne s'entendent pas, ce qui reste un cas assez peu courant chez les muridés.

À SAVOIR

Le hamster de Roborovski : fiche d'identité

Longueur du corps : 5 à 6 cm. La femelle étant généralement un peu plus petite.
Poids : de 15 à 20 g.
Longévité : 3 ans environ, quelquefois un peu plus.
Nombre de chromosomes : 34.
Nombre de mamelles chez la femelle : 8.

Le hamster chinois *(Cricetulus griseus)*

Plus grand et morphologiquement très différent des *Phodopus*, le hamster chinois est aussi le plus méconnu du grand public.

▸ Tout le monde ne s'accorde pas sur le nombre d'espèces du genre *Cricetulus*, celui-ci variant, suivant les auteurs de 5 à 9, voire à 12 ! Il est vrai que plusieurs d'entre elles se ressemblent beaucoup. L'espèce qui nous concerne n'est d'ailleurs pas reconnue par tous les scientifiques, qui considèrent que c'est une sous-espèce de *C. barabensis*, le hamster de Daourie. Quoi qu'il en soit, notre hamster se présente sous un aspect très différent des trois espèces précédentes. Il est plus grand, avec une bonne douzaine de centimètres de long. Il possède une queue bien visible d'environ 2,5 cm. La forme générale de l'animal est moins ronde et massive que chez les *Phodopus*, mais, au contraire nettement allongée. Ceci est bien net, si l'on compare le rapport poids-taille, en comparaison du hamster russe, par exemple. Ce dernier atteint parfois 50 g pour 10 cm de longueur maximum. Or, notre hamster chinois dépasse rarement 40 g pour 2 à 3 cm de plus ! La tête est plus triangulaire, avec un museau plus pointu et carré. Enfin, les pattes sont en proportion plus courtes.

▸ La couleur générale est grise, plus ou moins mêlée de marron. Une ligne noire traverse le dos, depuis le dessus de la tête jusqu'à la queue. Les oreilles sont plus foncées. Le ventre est gris clair, parfois un peu beigeâtre. Une autre caractéristique de ce

Plus allongé, avec la queue nettement visible, le hamster chinois est aisé à distinguer des autres hamsters nains.

Son pelage est particulièrement soyeux et doux.

hamster tient à la qualité du poil. Celui-ci est très soyeux et doux au toucher.

▸ **Originaire du Nord-Est de la Chine, il vit dans des régions sèches,** des steppes jusqu'aux abords des déserts. Néanmoins, son habitat est plus varié et, dans l'ensemble, moins aride que pour les espèces précédentes. Ceci n'empêche pas son organisme de savoir économiser l'eau, comme chez les *Phodopus*. Il urine donc peu et de façon très concentrée. Son régime alimentaire est essentiellement végétarien, composé de feuilles et de graines. Les études en laboratoire ont montré qu'il appréciait particulièrement les millets, les pois et les graines de soja. Néanmoins, ces mêmes études ont révélé que notre hamster chinois n'hésitait pas à tuer et à consommer d'autres petits animaux, des grenouilles ou des petites gerboises, par exemple. Cette agressivité est confirmée à l'état sauvage. Il est en effet bien connu qu'il défend son domaine avec énergie ou qu'il fait front courageusement face à un prédateur, se dressant sur ses pattes de derrière en exhibant ses robustes incisives. Il se révèle aussi très farouche, donc difficile à observer.

À SAVOIR

Un peu d'histoire

La découverte de l'espèce *Cricetulus barabensis* remonte à 1773 et est attribuée à Pallas. En 1857, Milne-Edwards propose la sous-espèce *griseus*. Enfin, C'est Grzimek en 1973, puis Corbet et Hill en 1991 qui ont considéré que cette espèce pouvait être scindée en plusieurs autres, dont notre hamster chinois. Depuis le début du XXe siècle, les hamsters du genre *Cricetulus* et notamment celui qui nous intéresse, sont étudiés en laboratoire, pour améliorer notre compréhension de certaines maladies bactériennes telles que la fièvre noire, et d'autres pathologies, comme le diabète ou le cancer.
Ce n'est que vers les années 1970, aux USA que le hamster chinois devient un animal de compagnie.

▸ Le hamster chinois possède des abajoues énormes, capables de transporter des quantités de nourriture invraisemblables. Ainsi, un individu a été observé avec 42 graines de soja dans ses « poches » ! Il était tellement déformé que la tête représentait alors 1/3 du corps ! Notre ami est aussi doté de glandes odorantes, sur le ventre et les flancs, pour le marquage territorial. Enfin, les mâles adultes arborent des testicules très gros, par rapport à leur taille. Il est donc très facile de ditinguer le mâle de la femelle.

▸ Son activité n'est pas uniquement crépusculaire ou nocturne. C'est encore une différence avec les espèces du genre *Phodopus*. Durant les mois où le temps est clément, du printemps à l'été, il se montre également actif le jour. En revanche, lorsque la mauvaise saison arrive, il cesse de sortir durant la journée et, sans entrer dans un processus d'hibernation, ses périodes de sommeil s'allongent notablement.

▸ Il vit dans un terrier, quelquefois profond, qu'il creuse lui-même. Ainsi, on a observé des tunnels qui allaient à plus de 1,20 m sous terre. Là encore, on constate une différence avec les hamsters à queue courte, dans la mesure où ce terrier ne comporte parfois qu'une seule entrée, quelquefois deux ou trois. Il recèle en revanche, comme chez ses cousins *Phodopus*, une pièce pour entreposer les réserves et d'autres chambres, dont un dortoir. C'est aussi un excellent grimpeur que l'on peut trouver dans les buissons autour de son domaine.

▸ Relativement prolifique à l'état naturel, une femelle peut avoir jusqu'à 10 petits par portée, même si la moyenne se situe plutôt vers 5-6. Le nombre de portées peut, suivant les conditions climatiques, osciller entre 3 et 4 par an. En captivité, en revanche, la reproduction est plus compliquée et les premiers essais en laboratoires furent difficiles. Les deux raisons principales à ces échecs relatifs sont le caractère farouche et stressé, mais aussi l'agressivité.

Le hamster chinois est doté de larges abajoues pour transporter la nourriture.

Au fil des générations quelques couleurs originales sont apparues, comme cette mutation tachetée.

▸ **Le hamster chinois défend son territoire âprement,** y compris face à ceux de son espèce. Les femelles en particulier sont réputées très intolérantes. Le marquage à l'aide des glandes odorantes est très important. En captivité, où l'espace est plus restreint, cette agressivité est nettement marquée et se solde souvent par des anicroches violentes. La femelle est dominante et ne supporte pas la présence d'une autre femelle, surtout si elle est gestante. Les mâles entre eux sont quelquefois un peu moins bagarreurs, mais, c'est très relatif. Il est aussi souvent difficile de conserver cette espèce en couple, car le mâle peut très bien se faire étriper. La maturité sexuelle survenant rapidement, il est impératif de séparer les jeunes animaux sans attendre.

À SAVOIR

Fiche d'identité du hamster chinois

Longueur du corps : 12-13 cm. La femelle est un peu plus petite.
Poids : de 35 à 40 g.
Longévité : entre 2,5 et 3 ans, voire jusqu'à 4 ans exceptionnellement.
Nombre de chromosomes : 22.
Nombre de mamelles chez la femelle : 8.

▸ **Bien que plutôt peureux, au fil des générations d'élevage, le hamster chinois est devenu plus calme.** Relativement lent dans ses mouvements, voire indolent, il se laisse assez aisément manipuler. Il ne mord que rarement et uniquement lorsqu'il est effrayé. Il faut naturellement commencer à le familiariser jeune.

Les différentes couleurs

Au fil du temps, dans les élevages, sont apparus des coloris de pelage différents de ceux d'origine, au grand ravissement des amateurs qui les ont sélectionnés et propagés.

▸ Les différentes couleurs de hamster sont liées à la génétique et le résultat du croisement de tel coloris avec tel autre peut être prévu, grâce, notamment, aux lois simples de Mendel. Pour l'amateur, l'intérêt réside surtout dans la palette et le choix offerts.

Le hamster russe

On recense actuellement 5 coloris de base possibles, que l'on peut naturellement combiner :

- La forme sauvage ou grise, celle décrite dans les pages précédentes.
- La forme saphir ou bleue. Apparue en Angleterre en 1988, elle se caractérise par un pelage gris bleuté, plus pâle que la forme naturelle et surtout, sans marron. Parfois même, on constate des reflets violacés. La ligne dorsale devient gris ardoisé. Les yeux restent noirs, les oreilles gris sombre. Enfin, le dessous du corps demeure blanc, légèrement voilé de bleu.
- La forme perlée. Autre forme anglaise, datée de 1989, elle ressemble un peu au pelage d'hiver d'une forme sauvage, à ceci près qu'elle est permanente. Bref, le hamster est essentiellement blanc, avec quelques traces fumées éparses, en particulier sur la tête. La raie dorsale s'éclaircit et paraît moins nette. Le ventre est bien blanc et les yeux restent noirs. Il existe un bon pourcentage de mâles perlés stériles.
- La forme perlée saphir est une combinaison des deux précédentes. On obtient un hamster perlé, dont les

Mutation perlée.

Mutation noire ou black.

marques grises prennent une teinte plus pâle et bleutée que pour une forme perlée simple.

- **La forme mandarine** est récente (2002) et viendrait de Singapour. Mais on en connaît mal l'origine, et nombreux sont ceux qui pensent qu'il s'agit d'une hybridation avec les formes jaunes du Campbell. Mais, en faveur d'une variété pure de russe, il y a quelques arguments : le caractère calme et le fait qu'il s'agisse d'un gène dominant (toutes les formes jaunes sont récessives chez le Campbell). La forme mandarine est d'un beau coloris sable orangé plus ou moins soutenu, avec une raie dorsale marron orangé, qui tend à s'éclaircir avec l'âge. Le ventre est blanc, les yeux noirs.

- **La forme noire ou black.** D'obtention récente, elle conduit à un animal noir sur le dessus et blanc sur le dessous. La proportion de blanc est réduite par rapport à la normale. Là aussi, beaucoup pensent qu'il s'agit d'un hybride. Toutefois, le ventre blanc et le caractère docile plaident pour une autre interprétation. Notons le gabarit souvent inférieur des formes noires et une reproduction difficile. Il faut donc éviter le croisement dans la mutation.

Mutation saphir.

- **La forme impériale ou à ventre blanc,** née en 1993 aux USA semble éteinte de nos jours.

▸ **Une forme panachée** est signalée régulièrement, avec des marques blanches émaillant le fond gris. Mais, elle n'a pu être fixée, car il s'agit généralement d'un début de pelage hivernal qui ne « va pas au bout ». Elle est donc réversible et revient au naturel à l'approche du printemps. Il est intéressant de noter que des hamsters russes mâles qui prennent tout ou partie du pelage d'hiver sont stériles durant cette période.

▸ **Des hamsters russes blancs à yeux noirs** sont aussi mentionnés. En réalité, il s'agit de formes perlées excessives et si l'on observe les animaux à la lumière, on voit quelques traces de gris disséminées.

À SAVOIR

Un peu de génétique

Pour ceux qui souhaitent croiser leurs hamsters en vue d'obtenir des lignées pures, voici les hérédités des différentes formes, en regard de la forme naturelle, grise.
Les mutations saphir et noire sont récessives.
La mutation perlée est dominante, comme les mutations mandarine et impériale. Les caractères impériale et mandarine sont létaux à l'état homozygote, d'où de faibles portées si l'on croise dans la mutation.

Le hamster de Campbell

Chez le hamster de Campbell, le nombre de couleurs est très important. Il existe celles de base et, ensuite, leurs combinaisons. Voyons d'abord les couleurs de base :

- La forme naturelle ou agouti. C'est celle décrite dans les pages précédentes.

- La forme argentée. Elle est apparue en Russie, en 1979 et nous est parvenue ensuite via les pays scandinaves. Le dessus du corps est sable plus ou moins orangé, légèrement lavé de marron clair, mais avec la base des poils gris argenté. La raie dorsale est marron grisé et le ventre blanc crémeux, avec un sous-poil argenté. Les yeux sont rouges et les oreilles roses. Cette forme est aussi appelée « jaune à yeux rouges ».

- La forme jaune à yeux noirs. Assez voisine de la forme argentée, mais un peu plus foncée et marron sur le dos. Le dessous du corps est plus blanc, avec le sous-poil gris. Mais, les différences principales sont surtout une bande dorsale grise, les oreilles grises et les yeux noirs.

- La forme albinos. Née dans les années 1980 en Europe de l'Est, cette variété est complètement dépigmentée, donc toute blanche, avec les yeux rouges.

- La forme opale. Originaire du Canada, cette mutation s'apparente à la mutation saphir du hamster russe, car elle conduit à un animal au pelage gris bleuté, la base de chaque poil restant plus sombre. La raie dorsale est bleu noirâtre. Les oreilles restent grises et le dessous

Mutation panachée noire.

Mutation lilas fauve.

du corps ivoire.
- La forme noire ou « black ». Son origine est assez floue, mais le résultat est un hamster très foncé, quasiment noir, avec le ventre sombre, presque noir aussi. Quelquefois, il reste un peu de blanc sur la gorge. Les yeux sont noirs, les oreilles gris foncé.
Une autre forme est aussi appelée « black », ou bien sable foncé. On parle aussi de mutation ombrée, d'après l'anglais « umbrous ». En réalité, c'est une mutation différente de la forme précédente. L'animal est aussi très sombre, mais plus marron, avec une ligne dorsale à peine visible.
- La forme claire ou diluée, comme son nom l'indique, amène à un hamster agouti, mais plus pâle, avec les yeux noirs.
- La forme platinum. Il s'agit d'une mutation originale qui se traduit par l'apparition en plus ou moins grand nombre de poils blancs. Parfois, il y en a juste quelques-uns, d'autres fois, l'animal devient presque tout blanc. Le croisement de deux sujets platinum conduit à un hamster blanc à yeux noirs.
- La forme panachée. Apparue en 1990 en Angleterre, cette variété donne des individus marqués de zones blanches, de façon plus ou moins étendue et aléatoire. Le croisement de deux animaux panachés peut entraîner des jeunes entièrement blancs.
- La forme « neckband ». Aussi appelée « panachée à yeux rubis » ou « à collier blanc », ce n'est pas une expression particulière de la mutation panachée, mais bien une autre forme. Dans ce cas, les parties blanches sont symétriques, comme des bandes, et localisées sur le cou et les épaules. De plus, les yeux montrent une teinte rouge particulière. En revanche, le croisement de deux hamsters « neckband » donne des jeunes non viables.
- La forme dite « à ventre blanc » ou « anophtalmique » est encore une variété panachée, mais qui se traduit par un ventre entièrement blanc. Souvent quelques marques blanches sur le dos sont visibles. Les yeux sont roses.

Mutations argentée et tourterelle.

COMBINAISON	RÉSULTAT	DESCRIPTION
Opale x jaune à yeux noirs	Lilas fauve	Jaune pâle avec lavis bleuté. Raie bleue, yeux noirs, oreilles grises, ventre clair.
Argenté x opale	Bleu fauve	Jaune pâle avec lavis bleuté. Raie bleue, yeux rouges, oreilles roses, ventre clair.
Argenté x jaune à yeux noirs	Beige	Jaune beige. Raie marron, yeux rouges, oreilles grises, ventre clair.
Noir x opale	Bleu	Gris bleuté, yeux noirs, oreilles grises, ventre gris pâle.
Panaché (ou platinum ou neckband) x autre couleur	Couleur panachée	Marques blanches (panachage) ou poils blancs (platinum) aléatoires.
Noir x jaune à yeux noirs	Chocolat	Marron chocolat, yeux noirs, oreilles grises, ventre marron.
Noir x argenté	Tourterelle	Gris tourterelle (mêlé de marron), yeux rouges, oreilles gris clair, ventre gris clair.
Argenté x jaune à yeux noirs x opale	Bleu beige	Beige bleuté, ventre gris, yeux rouges, oreilles grises, ventre clair.
Noir x jaune à yeux noirs x opale	Lilas	Gris rosé, yeux noirs, oreilles grises, ventre gris.
Noir x opale x argenté	Lilas à yeux rouges	Gris rosé, yeux rouges, oreilles roses, ventre gris.
Noir x jaune à yeux noirs x argenté	Beige foncé	Beige soutenu, yeux rouges, oreilles roses, ventre gris beige.
Noir x argenté x jaune à yeux noirs x opale	Champagne	Beige clair, yeux rouges, oreilles roses, ventre beige clair.
Platinum x dilué	Blanc à yeux noirs	Blanc et yeux noirs.
Platinum x dilué x argenté	Blanc à yeux rouges	Blanc et yeux rouges.

Le croisement au sein de la mutation conduit à des jeunes malformés, aveugles en particulier

▸ **La combinaison des différentes variétés** listées en pages précédentes ouvre la possibilité d'obtenir des dizaines de coloris différents. Sans être exhaustif, le tableau ci-dessus révèle quelques possibilités.

Mutation chocolat (*probablement hybridée avec hamster russe*).

Mutation chocolat perlée (*hybridée avec hamster russe*).

Les formes de pelage

Outre la couleur, des mutations mettant en jeu la texture du pelage sont apparues chez le hamster de Campbell :

- La forme satinée. Le pelage du hamster prend un aspect étrange, comme mouillé. L'effet n'est pas toujours heureux, surtout avec les formes claires, qui semblent sales.
- La forme « wavy » (ondulée). Comme son nom l'indique, les poils ont une forme ondulée et les moustaches comme vrillées. Toutefois, ce n'est visible que sur de jeunes sujets. Lorsqu'ils grandissent, le pelage reprend son aspect normal. Seules les moustaches demeurent vrillées.
- La forme rex. Rare et non établie, cette mutation donne un pelage ondulé et frisé, au toucher très laineux.

À SAVOIR

Un peu de génétique

Pour ceux qui souhaitent effectuer des croisements en vue d'obtenir des souches particulières, voici les hérédités des différentes formes, en regard de la forme naturelle, grise.
Les mutations argentée, jaune à yeux noirs, albinos, opale, noire, sable foncé (ombrée), satinée, ondulée sont récessives.
Les mutations platinum, panachée, « neckband » et à ventre blanc sont dominantes ou co-dominantes.

Le hamster de Roborovski

À ce jour, il existe peu de mutations de couleur chez cette espèce, ce qui peut étonner, car elle est élevée depuis longtemps. En revanche, on constate des variations de teinte quelquefois marquées : certains sujets sont très pâles, d'un beige jaunâtre, tandis que d'autres apparaissent beaucoup plus gris. Mais, il s'agit bien d'une simple variabilité.

- **La forme naturelle,** décrite dans les pages précédentes.
- **La forme husky ou à masque blanc.** Apparue récemment, cette mutation se présente sous la forme d'un hamster de Roborovski normal, mais dont la face est blanche. Quelquefois, on trouve quelques marques blanches sur le dos. Le croisement au sein de la mutation tend à augmenter la proportion de blanc, pour terminer par un animal quasiment blanc à yeux noirs.
- **La forme platinum,** très récente, n'est pas encore bien connue. Il s'agirait d'un animal très pâle, dont la particularité est de blanchir avec le temps. Peut-être s'agit-il seulement d'un croisement au sein de la mutation husky ?
- **La forme « white spot ».** Là encore, une nouvelle variété, non établie, qui se caractérise par une marque blanche derrière la tête. Le reste de l'animal s'apparente à la forme naturelle.

Mutation husky chez le hamster de Roborovski.

Le hamster chinois

Les mutations du hamster chinois sont peu représentées en France. L'espèce, il faut dire, n'est pas très populaire et répandue dans l'Hexagone, en comparaison avec les pays anglo-saxons. Néanmoins, on recense plusieurs coloris :

- **La forme naturelle ou grise,** déjà décrite.
- **La forme tachetée** a été obtenue pour la première fois en Angleterre, en 1981. Elle donne un animal très nettement marqué de blanc, sur le dessus du corps. La raie dorsale peut être brisée. En général, il demeure du marron grisé sur la tête, l'arrière des épaules et la croupe. Le dessous de l'animal reste blanc, les yeux noirs.
- **La forme blanche à yeux noirs** n'est pas une mutation proprement dite. Il s'agit en fait

Croisement dans la mutation husky.

Hamster de Roborovski blanc à yeux noirs.

d'une extension des zones blanches de la mutation tachetée, qui fait disparaître toute marque, y compris la ligne dorsale. Il s'agit peut-être du résultat d'un croisement au sein de la mutation.

- **La forme pie.** Très voisine de la forme tachetée, elle donne aussi un hamster nettement blanc, mais avec des marques marron bien plus symétriques autour de la raie dorsale. Apparemment, elle diffère d'un point de vue génétique.
- **La forme « striped »** n'est que le croisement des mutations tachetée et pie. On obtient ainsi un animal quasiment blanc, avec seulement une ligne dorsale incomplète et quelques ombres grisées éparses.

À SAVOIR

Un peu de génétique

Toutes les mutations du hamster chinois sont dominantes sur la forme naturelle grise.

Les hybrides

Les seules hybridations possibles entre hamsters nains ont lieu entre le hamster russe et le Campbell. Tout autre croisement est voué à l'échec. Dans tous les cas, la pratique n'est absolument pas recommandable, car elle détruit l'intégrité d'une espèce. De plus, compte tenu des possibilités déjà existantes, cela n'a guère de sens. Néanmoins, par accident ou à dessein, ladite pratique existe et elle est même répandue dans certaines régions du monde.

Bien que critiquable donc, elle a permis l'obtention de nouveaux coloris, tels que le marron ou une coloration orangée appelée « pudding ». Mais, le plus étonnant reste toutefois l'apparition de hamsters hybrides à poils longs !

Hamster chinois tacheté.

Choisir ses hamsters nains

Avant d'acquérir vos animaux, prenez le temps d'étudier ceux qui vous sont le plus adaptés, pour le but que vous vous êtes fixé.

▸ **Si l'animal est destiné à un enfant,** rappelez-vous que les hamsters nains sont vifs et d'une manipulation difficile. Donc, ces petites bêtes ne contenteront que des enfants pas trop jeunes, ni trop turbulents. En dessous d'une dizaine d'années, le choix d'un hamster nain n'est pas judicieux. Parmi les quatre espèces étudiées ici, le hamster russe reste la meilleure hypothèse : il est moins nerveux et assez familier. Le hamster chinois forme l'autre alternative possible : sa sociabilité envers l'homme est assez bonne et il n'est pas très rapide.

▸ **Si votre but est la maintenance en groupe,** le hamster de Roborovski reste le meilleur choix (voir pages suivantes). Optez toujours pour une vaste cage : le comportement social dépend directement de l'espace offert.

▸ **Si vous cherchez à obtenir des reproductions,** les espèces les plus faciles à accoupler sont les hamsters russes et de Campbell.

▸ **Si votre but consiste à créer des couleurs originales,** en effectuant des croisements et des sélections, c'est bien sûr vers le hamster de Campbell qu'il vous faut vous tourner (voir pages précédentes).

▸ **Pour acquérir vos petits hamsters,** vous pouvez soit les acheter dans une animalerie, soit les obtenir auprès d'amis ou de voisins qui ont eu des naissances. Dans ce second cas, évitez de prendre des couples, car le taux de consanguinité sera très élevé.

Pour les enfants, hamsters russe et chinois sont les meilleurs choix.

En revanche, les animaux élevés « en famille » sont souvent fortement sociabilisés.

Lorsque vous achetez vos animaux, pensez à vérifier un certain nombre de points :

- Choisissez plutôt de jeunes animaux. Leur durée de vie est assez brève, autour de 2 ans.
- Essayez de vous rendre compte de leur caractère et de leur familiarité : il suffit souvent de regarder comment les attrape le vendeur. S'il met une paire de gants, ça n'est vraiment pas bon signe (à part le Campbell...), même si, en journée, il faut souvent les réveiller, ce qui ne leur plaît pas spécialement !
- Regardez en détail leur état physique. Bien souvent, en magasin, les cages sont de petites dimensions et renferment une colonie importante, tous sexes confondus. Les risques de bagarres sont donc élevés. Surveillez en particulier la tête : le museau, les oreilles, les abords des yeux, mais aussi les pattes et le derrière. C'est à ces endroits que se concentrent en général les morsures. Quelquefois, les différentes espèces sont mélangées entre elles. Dans ce cas, il est préférable de vous rendre dans une autre boutique.

Les hamsters russe et de Campbell sont les plus aisés à reproduire.

Comment associer plusieurs hamsters ? Si vous désirez plusieurs animaux, idéalement, mieux vaut mettre tout le monde ensemble en une fois et donc acheter tout un groupe où les animaux sont déjà habitués les uns aux autres. Ainsi, en animalerie, on évitera de prendre 2 individus d'une cage, 2 d'une autre et ainsi de suite. On les choisira tous dans la même cage.

Mâle ou femelle ? Si l'objectif n'est d'avoir qu'un seul hamster, le sexe importe peu. Vous trouverez à peu près autant de gens pour affirmer que les femelles sont plus dociles que de gens pour clamer que ce sont les mâles ! Pour former des groupes, en revanche, la répartition des sexes est essentielle et sera examinée dans les pages suivantes.

Un ou plusieurs hamsters nains ?

C'est une question récurrente chez l'amateur et les possibilités d'associations dépendent évidemment de l'espèce. Il n'est pas recommandé de mélanger les espèces entre elles, même s'il se peut que Campbell et russe puissent cohabiter.

Le hamster chinois

Intolérant envers les siens, les premières générations en captivité ne pouvaient être détenues qu'en solitaire. Mais, à force de sélection des individus les plus calmes, les éleveurs parviennent aujourd'hui à garder le hamster chinois en couple sans difficultés, à condition que celui-ci ait été constitué avec des animaux jeunes.

***La constitution d'un groupe** chez le hamster russe est possible, avec quelques précautions.*

Deux femelles ensemble s'imposent toujours comme la pire des situations : plus dominantes et agressives que les mâles, elles s'entretuent souvent. Deux mâles logés dans la même cage dès leur jeune âge, ce n'est pas sans risque, mais, selon leur caractère, la coexistence peut s'avérer à peu près correcte. Enfin, si la maintenance en couple n'était pas aisée (la femelle pouvait, surtout lorsqu'elle était gestante, tuer son compagnon), elle est devenue maintenant bien plus facile.

Le hamster de Roborovski

À l'inverse du précédent, il est grégaire. Maintenez-le donc de préférence en petits groupes ou, à défaut, en couples. Idéalement, le groupe est composé d'un mâle et de plusieurs femelles. Avec de la place et quelques cachettes, la colonie peut même comporter plusieurs mâles, pour un large excès de femelles. Dans tous les cas, formez le groupe avec des animaux jeunes, immatures sexuellement. Il est difficile de rajouter des sujets une fois la colonie établie. Par ailleurs, la reproduction n'étant pas très simple, les chances de se retrouver avec un nombreux cheptel sont assez minces. Deux mâles ou deux femelles seuls peuvent aussi partager la même cage, lorsqu'ils y sont habitués dès leur jeune âge.

Elle s'avère souvent plus délicate avec le hamster de Campbell.

Le hamster russe

Assez sociable, le russe peut, lorsqu'il est jeune, former des couples : en général, ceux-ci s'entendent bien même s'il y a des naissances. Il est aussi possible de constituer un petit groupe, avec un mâle et plusieurs femelles, sans gros souci, hormis avec certains sujets au caractère vindicatif. Une fois le groupe formé, l'introduction d'un nouveau venu est extrêmement risquée. Mais, ici, la descendance a des chances d'être nombreuse !
Les paires du même sexe sont, étonnamment, difficiles à réaliser, l'entente est souvent mauvaise. Deux frères ou deux sœurs se tolèrent assez bien, mais pas toujours.

Le hamster de Campbell

Ici, la maintenance en couples est plutôt facile, toujours en prenant la précaution de former ledit couple avec de jeunes sujets. Lors de l'élevage des petits, la présence du mâle est même considérée comme indispensable. La constitution d'un groupe avec un mâle et plusieurs femelles ne pose pas de problèmes majeurs, à l'exception possible de quelques individus belliqueux. Ici encore, le rajout de nouveaux venus au sein d'une colonie établie s'avère délicat.
Là où le Campbell diffère de son cousin russe, c'est au niveau de la maintenance en paires du même sexe. Ici, elle est presque impossible avec deux mâles. Ceux-ci se montrent par trop territoriaux. En revanche, loger durablement dans la même cage une paire de femelles est plutôt aisé.

Prendre soin de ses hamsters nains

Choisir la bonne cage

Les cages vendues dans le commerce sous le label « pour hamsters » sont loin d'être toutes adaptées à nos hamsters nains.

▸ **Les cages pour hamsters possèdent en général un grillage trop espacé.** L'écartement entre les fils est en effet de l'ordre de 8 à 10 mm, davantage avec les modèles économiques. Pour un hamster chinois adulte, c'est suffisant, mais, pour le petit Roborovski, voire pour ses cousins russes et Campbell, les risques d'évasion demeurent élevés. Bien souvent, l'endroit privilégié pour prendre la poudre d'escampette se situe au niveau de la porte de la cage et de sa fermeture. Bien entendu, le problème est encore plus évident avec des jeunes, très doués pour se faufiler partout. Par ailleurs, un grillage pas assez fin permet aux animaux de le ronger, ce qu'ils font avec assiduité, et cela leur occasionne souvent des plaies sur le nez, difficiles à soigner.

▸ **Le fond des cages présente régulièrement des aspérités.** Or, celui-ci est en matière plastique, donc facile à attaquer. Il ne faut pas oublier que nos hamsters nains sont de redoutables rongeurs, malgré leur gabarit restreint. Ils ont donc tôt fait d'y percer un trou !

▸ **Les cages pour hamsters munies d'étages grillagés ne sont pas recommandées.** Là aussi, l'écartement du grillage, constituant ces étages, est trop important pour leurs petites pattes et ils risquent de s'y blesser gravement.

Cage « fermée », pratique pour ne pas retrouver de la litière partout.

Quelles sont les bonnes solutions ?

▸ **Vous pouvez opter pour une cage destinée aux souris.** Ici, pas de problèmes : le grillage est étroit. Quelquefois, une fine grille recouvre même le fond de la cage, empêchant ainsi les rongeurs de percer celui-ci.

▸ **La cage fermée est une autre bonne solution.** Elle se présente comme deux demi-coques en plastique, reliées par des attaches. La partie supérieure possède une grille coulissante ou qui se lève. Dans ce cas, les évasions ne sont pas possibles et, si elle est bien conçue, sans aspérités, les animaux ne parviennent pas à ronger le plastique. Beaucoup de ces cages sont munies de tuyaux colorés, droits et coudés, qui constituent des tunnels plus ou moins longs, une fois raccordés. Les hamsters apprécient plutôt bien ces galeries artificielles et cela permet de les observer. Surveillez, là aussi, l'absence d'aspérités dans les tuyaux, aux raccords plus spécialement.

▸ **Si vous détenez un aquarium en verre qui n'est plus en service,** c'est également une excellente formule. Normalement suffisamment haut, il n'est même pas besoin de le recouvrir avec un cadre grillagé. Avant d'y loger vos hamsters nains, pensez à couper, au moyen d'un cutter, le surplus de silicone, sinon, il sera grignoté, avec risque d'ingestion. L'avantage de l'aquarium est d'autoriser une couche importante de litière et donc de permettre à ses occupants de creuser.

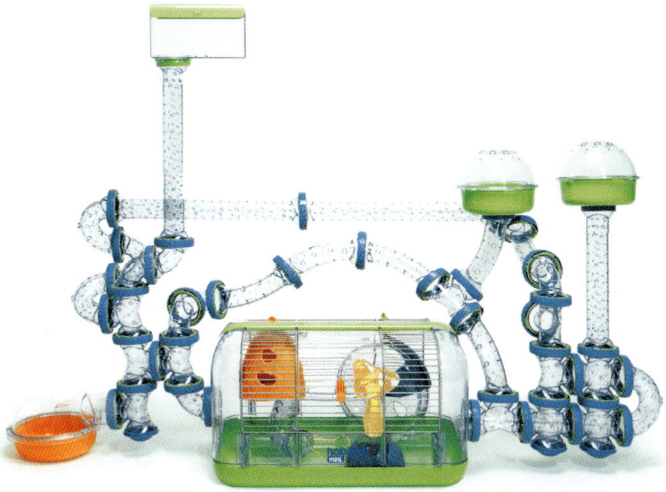

Les cages « à tuyaux » permettent de créer de grands espaces permettant d'observer les animaux…

…mais elles peuvent prendre beaucoup de place !

Quelles sont les bonnes dimensions ?

Pour un hamster nain seul, une cage d'environ 40 cm de longueur suffit. Si vous souhaitez plusieurs animaux, un minimum de 50-60 cm est préférable, y compris pour le Roborovski. En effet, bien que tout petit, il est très actif. La hauteur de la cage n'est pas primordiale, sauf si vous désirez l'agrémenter de décors, de branchages notamment : 25-30 cm de hauteur est un minimum convenable.

Les équipements de la cage

Parmi les innombrables produits disponibles dans le commerce, voici ceux qui sont indispensables à vos animaux.

▸ **Une écuelle,** pour y mettre les graines : choisissez de préférence un modèle en verre, en terre cuite ou émaillée plutôt qu'en plastique qui serait vite rongé. Suivant le nombre de spécimens détenus, un diamètre de 5 à 8 cm suffit.

▸ **L'abreuvoir** peut, lui aussi, se résumer à une petite écuelle. L'ennui est qu'il sera constamment rempli de copeaux et de graines. Il faudra donc changer l'eau très souvent. Un biberon est plus adapté et permet également de s'absenter quelques jours, avec une contenance comprise entre 100 et 150 ml. Prenez garde à ce qu'il ne soit pas fixé trop haut, surtout avec de jeunes animaux : ceux-ci doivent pouvoir l'atteindre facilement. Nombre de modèles sont dotés d'une bille métallique ou d'une aiguille que le hamster pousse pour obtenir de l'eau. Faites attention que cette bille ne soit pas trop lourde, en particulier avec le Roborovski ou de jeunes sujets, qui ne parviendraient pas à boire. Préférez donc, si possible, un biberon sans bille, avec une simple pipette. Généralement, ils sont en verre, la pipette pouvant être en verre aussi ou bien métallique. Pour certaines cages ou dans le cas d'un aquarium recyclé, il n'existe d'autre choix que de placer le biberon à l'intérieur : si vous ne voulez pas qu'il soit rapidement hors d'usage, là encore, le verre s'impose.

▸ **Une petite soucoupe de 8-10 cm de diamètre** est très utile. Pas très profonde, on y saupoudre quelques millimètres de terre à bain, celle qui est vendue pour les chinchillas, par exemple. Comme

Le biberon doit être placé à la bonne hauteur.

Une maisonnette, de préférence en bois, est indispensable.

Choisissez une écuelle en verre ou en céramique.

La roue est très appréciée par certains sujets.

la plupart des rongeurs, les hamsters nains ne se baignent pas, mais se roulent dans le sable pour entretenir leur pelage. Au sein d'un groupe, cette toilette a une autre fonction : véhiculer les odeurs de ses membres, ce qui favorise leur reconnaissance mutuelle.
Choisissez un récipient en verre ou en céramique.

▸ Une petite cabane est un plus indéniable : les hamsters adorent s'y cacher durant la journée et y entasser des réserves alimentaires. Un petit modèle d'une dizaine de centimètres de côté est un minimum, mais, vous pouvez leur offrir des constructions plus élaborées, avec étages, portes et fenêtres, cela n'a aucune importance. Bien au contraire, couloirs, galeries et escaliers contraindront les occupants de la cage à faire un peu de gymnastique !
En revanche, optez pour un article en bois. Certes, il sera peut-être nécessaire de changer la maisonnette de temps à autre si elle est grignotée trop fortement, mais le bois présente de multiples avantages : non toxique (si l'essence est choisie correctement : bois blanc, frêne, fruitiers...), isolant et naturel.

▸ Pour garnir la cabane, le coton, vendu sous la dénomination « lit pour hamsters », n'est pas idéal, car les animaux peuvent s'emmêler les griffes dans ses fibres. Remplacez-le par une simple poignée de foin. Par ailleurs, les produits synthétiques font souvent transpirer les animaux. Enfin, ne mettez jamais de coton hydrophile pour les pansements : il se colmate avec l'humidité et s'entortille très vite en formant un véritable piège.

▸ La roue : certains sujets sont fans, d'autres n'y touchent pas. Dans tous les cas, choisissez plutôt un modèle en métal et plein, sans barreaux, car ceux-ci causent régulièrement des fractures au niveau des pattes.

Le fond de cage et les jouets

Après avoir passé en revue les accessoires de base, examinons comment garnir le fond de la cage et fournir des occupations à nos petits compagnons.

Le fond de cage

En guise de litière, plusieurs solutions sont possibles, avec leurs avantages et leurs inconvénients :

- Les copeaux de bois : c'est la formule la plus courante et la plus économique, cependant, elle n'est pas toujours bienvenue. En effet, parmi toutes les marques disponibles dans le commerce, les qualités varient énormément. Choisissez absolument un produit sans poussière, sans morceaux de bois pointus à l'intérieur et sans forte odeur de pin (agressive pour les animaux et toxique à la longue). Vous pouvez opter pour un produit parfumé artificiellement, au citron, à la pomme ou aux fruits rouges : cela ne gêne pas les occupants de la cage et masque les effluves (assez modestes) des hamsters. Bannissez en revanche les copeaux parfumés au cèdre ou contenant des éclats de ce bois, car il est toxique.
- Le chanvre broyé : plus cher que le précédent, mais nettement moins poussiéreux, aussi absorbant et sans risques d'allergies, il reste l'une des meilleures solutions.
- La rafle de maïs : elle se présente sous forme de grains qui sont certes très absorbants mais trop gros pour les petites pattes de nos hamsters nains, donc très inconfortables.
- Les granulés de bois, de papier ou de paille sont également trop gros.
- Les plaquettes de peuplier, d'aulne ou de hêtre sont en réalité des éclats de bois. Dotées d'une excellente capacité d'absorption des urines et des odeurs, c'est une très bonne litière, à condition que les éclats ne soient pas trop grossiers :

La litière à base de rafle de maïs est une solution possible, sous réserve d'une granulométrie fine (ici hamster de Campbell en mutation lilas panachée).

À SAVOIR

Quelle épaisseur de litière faut-il ?

Si l'objectif n'est que de servir à l'absorption des excréments, un centimètre environ suffit. Mais, si vous désirez créer des galeries, imitant ainsi le mode d'existence naturel, vous pouvez porter l'épaisseur à 15-20 cm ou davantage. Tout dépend aussi de la hauteur du bac de cage. Il ne reste plus qu'à ensevelir des cylindres en bois, en carton ou même en matière plastique (un assemblage de tuyaux de cages, par exemple), affleurant en surface. Les hamsters adorent cela, mais, l'inconvénient est qu'ils deviendront moins familiers.

La paille de chanvre demeure l'une des meilleures litières pour les hamsters nains (ici russe).

5 à 6 mm est un maximum. Le seul inconvénient de ces plaquettes réside dans leur prix, supérieur dans bien des cas aux autres litières.

Les jouets

Outre la roue, dont il a déjà été question, vous devez agrémenter la cage avec des jouets, pour divertir vos compagnons ou leur faire prendre de l'exercice.

- Des racines ou des branchages : ils servent à grimper et à jouer et, de plus, à ronger et à user les griffes. Attention : prenez une essence non toxique : saule, peuplier, pommier, noisetier, bouleau, par exemple.
- Des parcours acrobatiques : normalement en bois, quelquefois avec des cordes et des noix de coco évidées, il en existe de toutes les tailles et à tous les prix et vous pouvez fabriquer les vôtres.
- Des tubes en carton, comme ceux que l'on trouve au milieu des rouleaux de papier essuie-tout, ne coûtent rien et sont très appréciés.

À SAVOIR

Attention

Les boules pour hamsters, constituées de deux demi-sphères dans lesquelles on emprisonne l'animal pour qu'il puisse se « promener » dans la maison, sont à éviter. Elles sont extrêmement stressantes.

Bien nourrir ses hamsters nains

La question de la nourriture est évidemment essentielle pour maintenir les animaux en forme.

Les mauvaises formules

▸ L'alimentation proposée est souvent trop riche et abondante et mène à l'obésité. Issus de régions arides où la nourriture est rare, les hamsters stockent dans leur terrier et accumulent des réserves graisseuses quand ils le peuvent. En captivité, ils font de même, sauf que les réserves ne seront jamais brûlées !

▸ Les mélanges pour hamsters dorés, souvent utilisés, sont constitués de céréales (blé, maïs, avoine pelée), de granulés pressés, de tournesol, d'arachides, de caroube et d'objets colorés qui ne sont généralement que des biscuits maigres destinés à rendre le mélange attractif pour le consommateur.

Or, les céréales sont peu appréciées de nos petits amis, tournesol et arachide sont trop gras, les granulés sont boudés, tout comme la caroube et les choses colorées ! Bref, ce n'est pas la panacée ! Bon nombre de produits contiennent aussi des pétales de maïs soufflé, avec un taux élevé de sucres. Comme la plupart des hamsters nains sont sujets au diabète, là encore, ce n'est pas vraiment indiqué !

À gauche, un mauvais mélange à éviter ; à droite, un bon produit pour hamsters nains.

Les bonnes formules

Il existe deux solutions pour nourrir vos hamsters nains : un bon mélange de graines ou bien un aliment extrudé (en croquettes). Le choix dépend de la façon dont les animaux ont été élevés. Afin de ne pas créer des troubles digestifs graves, ne passez pas de l'un à l'autre brusquement. En d'autres termes, il est indispensable de demander quelle nourriture est habituellement proposée

La quantité de nourriture ingérée quotidiennement est très faible (ici hamster chinois tacheté).

Les rations offertes sont souvent bien trop imposantes !

aux hamsters que vous achetez, pour poursuivre de même ! Tout changement doit être fait en douceur, en mêlant peu à peu le nouvel aliment à l'ancien, sur 2-3 semaines.

▸ **Les aliments extrudés :** en l'absence de granulés spécifiques pour hamsters nains, on se rabat sur ceux destinés aux hamsters de Syrie ou aux souris. N'hésitez pas à lire le détail de la composition. Pour des animaux adultes, choisissez un produit fibreux possédant environ 14-15 % de protéines et une teneur en lipides inférieure à 7 %. Pour l'élevage des jeunes ou une femelle gestante, le taux de protéines devra être porté aux environs de 18 %.

▸ **Les bons mélanges de graines** renferment une large variété de petites graines : millets divers, gruau d'avoine, alpiste, graines sauvages (semences), pois cassés, blé et, en petites quantités, car elles sont grasses : graines de lin, de chènevis et de citrouille. Les animaux raffolent du tournesol, mais comme il est très riche en lipides, il faut l'éviter. Bref, nous avons là une recette proche de celles destinées à de nombreux oiseaux de volière. Donc, si vous ne trouvez pas de mélange satisfaisant, améliorez un produit du commerce en y rajoutant une bonne part (50 % par exemple) de graines pour perruches.

Ration et fréquence de distribution

Suivant l'espèce, un hamster nain ingère quotidiennement moins de 10 g et plus près de 5 g pour le Roborovski. C'est donc très peu, à peine une cuillère à café. Comme ils commencent par manger ce qu'ils préfèrent, afin d'éviter excès et carences, attendez qu'ils aient tout consommé avant de regarnir la mangeoire. Mieux vaut donner de petites rations tous les jours. N'oublions pas non plus que les hamsters constituent des réserves, souvent dans leur nid. Si celle-ci prend du volume peu à peu, c'est que la quantité proposée est trop copieuse.

Les insectes

Les études en milieu naturel ont montré que nos petits hamsters consommaient des insectes en plus ou moins grandes quantités, selon l'espèce. Vous pouvez leur proposer vers de farine ou grillons, car c'est une source de protéines. Néanmoins, attendez-vous à ce que tous les animaux ne soient pas intéressés. Limitez l'apport journalier à un ou deux insectes par hamster.

Les aliments frais

La distribution d'aliments frais, pomme ou carotte, fait polémique. Ce qui est sûr, c'est qu'il est nécessaire d'habituer le système digestif des animaux très doucement. Autrement dit, il ne faut jamais donner un gros morceau de fruit à un hamster qui n'en a jamais consommé. Le résultat serait une diarrhée sévère et le décès ! De même, les quantités distribuées doivent toujours rester minimes car les aliments frais contiennent beaucoup d'eau et l'organisme des hamsters n'est pas conçu pour cela.

Les friandises

Les animaleries regorgent de friandises colorées (bonbons, baguettes, biscuits...), tentantes pour le jeune consommateur. Pour l'immense majorité d'entre elles, ces friandises sont beaucoup trop riches pour des espèces tendant à l'obésité et au diabète. Seuls les mélanges d'herbes et de fleurs ou les morceaux de légumes séchés ne présentent pas trop de risques, à très faible dose.

Vitamines et minéraux

Avec une bonne alimentation, les animaux n'ont pas

N'abusez pas des friandises !

Le bloc à ronger constitue un apport de minéraux utile.

besoin de compléments. Toutefois, il est rare qu'un menu couvre tous les besoins. Aussi est-il sage d'effectuer un apport de vitamines hebdomadaire. N'hésitez pas à lire et à comparer les compositions avant d'acheter le flacon, c'est souvent édifiant !
Pour fournir les minéraux, l'amateur a souvent recours aux « blocs minéraux ». Là aussi, privilégiez la composition : ce qui nous intéresse, c'est d'y trouver calcium, magnésium, potassium et phosphore. Les hamsters réagissent de façon variable avec ces blocs : certains animaux les ignorent, d'autres en raffolent ! Méfiez-vous alors d'un excès d'enthousiasme : l'ingestion rapide d'une quantité importante peut entraîner une occlusion intestinale.

À SAVOIR

Ce qu'il ne faut pas donner

Évitez absolument les aliments sucrés : chocolat, fruits secs pour l'apéritif, corn-flake, fruits tels que raisin ou pêche, gâteaux pour humains, etc.
Délaissez les produits gras : noix, noisettes, arachides, par exemple. Ne donnez jamais de verdure : les risques de déclencher une diarrhée sont trop grands, en particulier avec la salade.
N'utilisez pas de croquettes pour chiens ou chats : même si c'est une source de protéines potentielle, elles sont trop grasses et trop minéralisées.

Évitez absolument les aliments riches en sucres !

L'eau

L'eau doit toujours être disponible et propre. Même si le niveau d'eau dans le biberon ne bouge pas beaucoup, il faut renouveler celle-ci tous les 2 ou 3 jours au maximum et nettoyer l'intérieur du biberon à l'aide d'un écouvillon, de façon à ce qu'un voile gras, véritable nid de bactéries, ne s'y dépose pas avec le temps.
L'eau du robinet convient en général. Toutefois, si le taux de produits chlorés, de pesticides ou de nitrates est trop élevé, il est préférable pour les hamsters (et pour vous !), de choisir de l'eau en bouteilles.

L'entretien et les conditions de vie

Si l'entretien des hamsters nains est simple, veillez à leur apporter de bonnes conditions de maintenance.

L'entretien de la cage

Avec leur petite taille et leur organisme économe en eau, les hamsters nains salissent peu et émettent peu d'odeurs. Leurs déjections sont minuscules et sèches. Le renouvellement de la litière peut donc n'avoir lieu qu'une fois la semaine, voire par quinzaine si la cage est spacieuse. Lavez le bac de cage avec un détergent simple, comme du liquide vaisselle. Les produits plus puissants, comme l'eau de javel sont peu recommandés. Lorsqu'il y a des jeunes, évitez de nettoyer la cage, au moins durant les 2 premières semaines, cela perturbe la mère.

Un changement de litière hebdomadaire est suffisant.

Les conditions de maintenance

▸ **Placez la cage dans un endroit sans courants d'air.** Évitez les pièces où le bruit est important ou celles dont les conditions varient, comme la cuisine. Enfin, pensez que les hamsters sont actifs la nuit, ce qui peut se révéler gênant dans une chambre.

▸ **Attention à la chaleur et au froid !** Bien qu'originaires de zones où le climat est rude, très chaud dans la journée et froid la nuit, les hamsters nains craignent les excès dans un sens ou dans l'autre. Lorsque la température chute en dessous d'une dizaine de degrés, ils deviennent torpides. Le hamster de Campbell est réputé le plus sensible au froid, tandis que le chinois et le Roborovski résistent mieux. A contrario, lorsque le mercure dépasse 30 °C, ils commencent à souffrir sérieusement. La température létale avoisine les 33-34 °C, en particulier pour le Roborovski, le moins résistant. La plage de températures où les hamsters se sentent le mieux est comprise entre 17 et 22 °C, ce qui correspond approximativement à l'intérieur de leur terrier, à l'état sauvage.

▸ **Le taux d'humidité** ne doit pas être trop bas, ce qui est parfois le cas à la maison avec le chauffage. En dessous de 40 %, il existe des risques d'assèchement de la peau. Pour les jeunes, un minimum de 50 % est indispensable pour éviter la déshydratation. Ne placez donc pas la cage trop près des sources de chaleur.

▸ **Pensez à leur fournir une alternance jour-nuit,** c'est extrêmement important. Outre la synthèse de vitamines du groupe D, il a été démontré que la durée du jour conditionnait l'activité, la reproduction, la maturité sexuelle et même la couleur du pelage, chez le hamster russe en particulier. Une étude en laboratoire a mis en évidence que la maturité sexuelle chez le mâle survenait à l'âge de 35 jours pour une durée d'éclairement de 16 heures, alors qu'il fallait 130 jours avec seulement 8 heures quotidiennes de jour. La production d'hormones est clairement induite par ce que les scientifiques appellent la photopériode.

Présentez toujours les paumes ouvertes aux animaux : les hamsters ont horreur de se sentir prisonniers !

Manipuler les hamsters

Un rongeur n'aime en général pas être attrapé. Le geste de refermer la main sur lui est assimilé à un acte de prédation, avec risque de morsure en retour.
Il est préférable de tendre la paume ouverte, à plat, et d'inciter l'animal à y grimper, éventuellement en le poussant doucement avec l'autre main. Bien entendu, au début, l'opération n'est pas évidente, car le premier réflexe est souvent la fuite devant les gros doigts humains. Mais si le sujet est jeune et si la prise en main est répétée régulièrement, il s'y habitue vite et vient alors de lui-même relativement aisément.

Les soucis de santé les plus courants

À l'instar de n'importe quelle espèce, les hamsters nains, bien que robustes, peuvent être affectés par différents maux. Voici les plus fréquents.

Comment repérer un animal malade ?

Un hamster qui n'est pas bien reste dans son coin, recroquevillé et répond peu aux sollicitations. Son pelage prend un aspect ébouriffé, les yeux demeurent fermés. Il faut alors agir vite : de si petits rongeurs ont peu de résistance. La première réaction consiste à isoler l'animal dans un endroit calme, peu éclairé et chaud.

Un hamster qui se réveille dans la journée n'a pas toujours les yeux bien ouverts : pas d'affolement ! C'est normal !

Les problèmes de santé fréquents

▸ **Les morsures**
Elles sont fréquentes car, dans un espace restreint, les bagarres sont toujours possibles. Isolez le blessé pour que les autres ne s'acharnent pas dessus, mais il sera presque impossible de le réintroduire ensuite dans le groupe d'où il est issu. Nettoyez les plaies régulièrement avec un papier absorbant imbibé de désinfectant, tel que la chlorhexidine, jusqu'à guérison.

▸ **Les yeux fermés et collés** peuvent résulter d'une bagarre, d'une infection ou d'une réaction allergique, notamment aux copeaux. Lavez les yeux à l'aide d'un collyre, éventuellement avec antibiotique, en vous efforçant d'ouvrir les paupières. Si une allergie est soupçonnée, il faut, bien entendu, supprimer l'agent responsable.

▸ Les dents

Il arrive que les incisives poussent trop vite ou déformées ou cassent. Les dents des mâchoires opposées ne se trouvant alors plus en face l'une de l'autre, elles ne s'usent plus correctement. L'animal peine à se nourrir et bave parfois abondamment, ce qui permet de déceler le problème. Il faut couper le surplus de croissance, pour rééquilibrer les deux mâchoires. Cela réclame une certaine habitude et l'intervention d'un vétérinaire spécialisé, d'autant qu'il peut y avoir blessure de la gencive, qui nécessite un traitement pour empêcher l'infection et favoriser la cicatrisation. L'alimentation demande aussi à être adaptée et râpée, afin que la pauvre bête n'ait pas à mâcher.

Les molaires peuvent aussi pousser de façon anarchique : une malocclusion de ces dernières demande une intervention sous anesthésie, avec un risque, hélas important, de rechute. Le problème est réputé, en partie au moins, héréditaire. Il ne faut donc pas faire reproduire des hamsters présentant ces malformations.

En revanche, les yeux doivent être nets et brillants (ici, un hamster russe perlé).

▸ Les diarrhées

Elles peuvent avoir trois causes principales : l'ingestion d'un aliment inadapté, une infection ou un fort stress. Dans tous les cas, c'est grave, difficile à enrayer et conduit à une rapide déshydratation souvent suivie du décès. Le premier geste est d'ôter l'écuelle, de ne laisser que du foin à disposition et un peu d'eau additionnée d'un « plâtre » intestinal.

En cas d'infection par une bactérie, en général une salmonelle, le traitement fait appel à un antibiotique, mais les chances de succès restent minces. En revanche, si vous détenez plusieurs hamsters, il est judicieux d'administrer un traitement préventif aux animaux sains, car la contagion est à redouter.

▸ Il existe aussi une maladie connue sous le nom de « maladie de la queue mouillée », le symptôme évident étant, en effet, l'apparition d'une large zone humide dans la région anale. Il s'agit en réalité d'une diarrhée très aqueuse, due à une colibacillose. Là encore, le remède est un antibiotique et les risques de contagion demeurent importants.

Naissances à la maison

La reproduction des hamsters nains n'est pas trop difficile, à l'exception du hamster chinois que nous traiterons à part.

Lorsque vous envisagez la reproduction, la première étape est de constituer un couple. Le sexage des hamsters nains n'est pas des plus aisés, en raison de leur taille réduite et, à fortiori, avec de jeunes sujets. Contrairement au hamster doré, les testicules du mâle sont assez peu visibles, y compris avec un sujet adulte. L'abdomen est simplement un peu plus renflé. Pour déterminer le sexe, le plus commode est d'opérer par comparaison de deux individus : l'écartement entre l'anus et le sexe est nettement plus large chez le mâle.

Maman Roborovski avec ses petits âgés de deux jours.

- Les meilleurs résultats de reproduction sont obtenus avec des couples isolés. En groupe, il est tout à fait possible d'avoir des petits, mais les risques d'accidents sont plus importants.
- Tous les couples ne vont pas reproduire. Ce n'est pas qu'ils soient infertiles, dans beaucoup de cas, mais simplement que ce sont des couples improductifs, qui ne « fonctionnent pas ». D'autres au contraire vont enchaîner les portées et, pour la survie de la femelle, il sera peut-être nécessaire de les séparer après trois ou quatre nichées.
- La saison de reproduction, à l'état sauvage, commence en avril et se poursuit tout au long de la belle saison, jusqu'à septembre, avec environ 3 portées consécutives, parfois 4. À la maison, si la température est maintenue vers 20 °C environ, les naissances peuvent survenir

toute l'année. Néanmoins, la durée quotidienne d'éclairage compte énormément. Lorsque, en hiver, les jours sont courts, sans une lumière artificielle pendant une douzaine d'heures, le nombre de portées diminue considérablement.

▸ **La maturité sexuelle** est atteinte vers l'âge de 2 mois, chez les hamsters russes et de Campbell, quelquefois dès l'âge de 5 semaines, pour le russe. Là encore, nous l'avons vu, la durée du cycle jour-nuit influe notablement. En revanche, chez le Roborovski, la maturité est rarement atteinte avant 5 mois, voire bien au-delà. De ce fait, cette espèce est nettement moins productive.

▸ **Le cycle de fertilité de la femelle est de 4 à 5 jours.** En d'autres termes, elle est susceptible de s'accoupler à ce rythme. Si les deux sexes ne sont pas logés ensemble, c'est à ce moment et uniquement à ce moment qu'ils peuvent être réunis. À ce propos, la femelle étant la plus agressive, il convient toujours d'introduire celle-ci dans la cage du mâle et non l'inverse. Ce faisant, surveillez attentivement le comportement de chacun : si la femelle est effectivement prête à s'accoupler, elle laisse le mâle approcher et prend une position caractéristique, l'arrière-train en hauteur et la queue levée. La copulation suit rapidement, dans la demi-heure. Si, en revanche, elle n'est pas prête, il y a de fortes chances qu'elle attaque aussitôt le mâle et il faut alors vite l'ôter de la cage, en prenant garde aux morsures.

▸ **Après l'accouplement, il est recommandé de laisser les animaux ensemble.** Néanmoins, il arrive que la femelle devienne agressive, surtout chez le hamster russe, même dans le cas de deux animaux habitués à vivre ensemble. Si la cage est grande, le mâle peut trouver refuge plus loin, sans trop de risques. En revanche, avec peu d'espace, il est nécessaire de le retirer pour son salut, ce qui n'est pas sans poser quelques problèmes ensuite (pages suivantes).

▸ **L'accouplement n'est pas toujours « efficace »,** dans le sens où la fécondation de la femelle par le mâle n'a pas lieu à chaque acte sexuel. C'est la raison pour laquelle les éleveurs laissent toujours plusieurs heures le couple en tête-à-tête. Lorsque celui-ci vit ensemble, la question ne se pose évidemment pas. Néanmoins, rappelons-nous que les conditions externes, comme la température ou la durée d'éclairage sont très importantes sur les capacités de reproduction. Il a, par exemple, été démontré que la taille des organes génitaux du mâle diminuait de 70 % au moins, lorsque la longueur du jour passait de 14 à 8 heures !

▸ **Une femelle enceinte ne se remarque pas toujours.** En effet, les hamsters nains ont une silhouette ronde à l'origine et la grossesse ne se voit que peu. Il est donc assez difficile de savoir si l'accouplement a bien fonctionné. Le symptôme le plus visible est normalement l'augmentation de l'agressivité, aussi bien

> **À SAVOIR**
>
> **→ Les bons reproducteurs**
>
> Il est important de bien sélectionner vos reproducteurs : choisissez-les calmes et familiers. Ils ont de bien meilleures chances de donner le jour à des jeunes au caractère aimable.

envers le mâle qu'envers le soigneur.

▸ **La durée de gestation dépend de l'espèce** (voir le tableau ci-dessous), mais oscille autour de 18-20 jours. Il existe un phénomène étonnant chez les hamsters nains du genre *Phodopus*. Une femelle qui vient de mettre pas est à nouveau fertile, le jour même de la naissance des petits. Elle peut donc se retrouver aussitôt enceinte. Or, le sevrage de la première portée demande environ 3 semaines. La nouvelle portée risque donc de venir au monde avant le sevrage de la précédente. Dans cette situation, l'organisme de la femelle est capable de retarder l'évolution des embryons de plusieurs jours (jusqu'à une semaine !). Ce processus biologique porte le nom de diapause. En réalité, il existe un autre procédé pour différer le développement de quelques jours, mais à un stade embryonnaire plus avancé, cette fois pour faire face à des conditions environnementales peu favorables. Sans entrer dans le détail, ces différents délais dans l'évolution des embryons conduisent à une durée de gestation globale assez variable, ce qui explique les écarts notés dans le tableau ci-dessous.

▸ **La naissance des petits est discrète.** Les jeunes sont silencieux durant les premiers jours et la mère mange le placenta dès la délivrance. Ils sont minuscules et fragiles, incapables de maintenir leur température corporelle, mais cherchent aussitôt à téter.

▸ **Ne touchez pas aux jeunes, durant leurs premiers jours d'existence.** En effet, cela stresse la mère, laquelle pourrait alors dévorer ses petits. Cela survient quelquefois aussi lors de la première portée d'une jeune mère, lorsque la nichée est trop nombreuse ou lorsque la cage renferme plusieurs spécimens adultes. À chaque fois il s'agit d'un stress.

▸ **Le rôle du père** chez nos hamsters du genre *Phodopus* est important, voire essentiel chez le Campbell. En son absence, il est même possible que la grossesse de la femelle n'aille pas à son terme, pour cette espèce. La présence du conjoint stimule en effet fortement la production hormonale. Lorsque les petits sont nés, le mâle jusque-là refoulé hors du nid est à nouveau bienvenu. Il apporte souvent de la nourriture à la mère et aide à maintenir la chaleur dans le nid. En captivité toutefois, les scientifiques notent que son rôle est moins essentiel qu'à l'état sauvage.

	Hamster russe	Hamster de Campbell	Hamster de Roborovski
Gestation	18-25 jours	17-22 jours	20-22 jours
Nombre de jeunes	3 à 8 (moyenne 4-6)	2 à 12 (moyenne 5-8)	4 à 7 (moyenne 5-6)
Sevrage	19-22 jours	20-22 jours	18-20 jours

Couple de Roborovski avec jeunes d'environ une semaine.

La reproduction du hamster chinois

La reproduction du hamster chinois est bien plus délicate que celle de ses cousins, pour deux raisons essentielles : le mauvais caractère des adultes et la sensibilité vis-à-vis de l'environnement.

1 Le caractère ombrageux

Surtout avec les premières générations en élevage, la femelle était beaucoup trop agressive pour loger un couple ensemble de façon permanente. Il fallait présenter les deux sexes au bon moment, c'est-à-dire lorsque la femelle était prête à s'accoupler. Par chance et contrairement aux *Phodopus*, il existe des signes visibles pour signaler l'entrée de la femelle dans le cycle reproductif : la zone environnant le sexe gonfle légèrement et rosit. On introduisait alors la femelle dans la cage du mâle et non l'inverse. Si elle ne l'attaquait pas aussitôt, c'est que les choses se passaient bien et l'on pouvait laisser les animaux s'ébattre plusieurs heures, 6 en moyenne, avant de récupérer la femelle et de la remettre dans ses quartiers. Mais, comme nous l'avons vu, depuis que le hamster chinois est élevé en captivité, les sujets les moins teigneux ont toujours été sélectionnés pour la reproduction. De ce fait, au fil des générations, on a maintenant des souches nettement plus calmes (bien qu'il existe encore des exceptions) qui vivent et se reproduisent en couples, sans plus de problèmes que leurs cousins *Phodopus*, au grand bonheur des éleveurs.

Couple de hamsters chinois avec jeunes.

② L'environnement

Pour reproduire dans de bonnes conditions, le hamster chinois affiche certaines exigences précises :
- Un cycle jour-nuit d'environ 12 heures, sachant que la femelle n'est prête à s'accoupler qu'un peu après la tombée de la nuit.
- Beaucoup de calme pour éviter le stress et que la femelle ne dévore ses jeunes.
- Une température assez élevée, voisine de 22 °C.

Le premier point posait évidemment un gros problème autrefois, car comment, de nuit, examiner la femelle pour savoir qu'elle est prête, surveiller qu'elle accepte le mâle, sans éclairage ? Car, si l'on branchait une source lumineuse dans la pièce, même modeste et ne serait-ce que quelques instants, le cycle reproductif était stoppé ! Les éleveurs avaient recours à un éclairage rouge, comme ceux utilisés dans les chambres de développement photographique, moins perturbant. Heureusement, aujourd'hui que la maintenance en couples est devenue possible, tous ces stratagèmes sont obsolètes.

Petits hamsters chinois âgés de 5-6 jours.

	Hamster chinois
Gestation	20-22 jours
Nombre de jeunes	3 à 10, généralement 4
Sevrage	21-22 jours

③ Les jeunes hamsters chinois

Un peu plus gros que leurs cousins à la naissance, ils pèsent à peine 3 g. Leur développement est rapide et comparable à celui des petits *Phodopus*, mais avec ouverture des yeux au bout de 2 semaines seulement. Il convient de limiter au minimum les interventions dans la cage jusqu'au sevrage, lequel a lieu à l'âge de 3 semaines. Les jeunes peuvent normalement être logés ensemble sans risques, même s'ils sont issus de plusieurs portées, mais seulement jusqu'à ce qu'ils atteignent la maturité sexuelle, soit vers l'âge de 3 mois. Ensuite, la séparation est indispensable.

Les jeunes hamsters : les 10 premiers jours

Les jeunes hamsters, bien que très petits à la naissance, se développent très rapidement.

▸ À la naissance, les petits sont aveugles et sans poils. En revanche, ils possèdent des dents. Ils pèsent seulement entre 1 et 2 g et ont l'allure de saucisses cocktail en miniature, incapables de se mouvoir. Ils se nourrissent exclusivement du lait de leur mère. Pour que celui-ci soit de qualité, mais aussi pour ne pas épuiser la femelle, il est important de fournir à celle dernière une alimentation riche et abondante. De même, il faut penser à ce qu'elle dispose d'eau en permanence. Les hamsters nains qui, en temps normal, boivent peu, consomment des volumes plus conséquents durant l'allaitement des petits.

▸ Au départ, les jeunes sont silencieux. Ils ne commencent à piailler que vers le 3e ou le 4e jour de leur vie et de façon modérée.

▸ Les changements physiques des petits sont extrêmement rapides. Ils commencent à se couvrir de poils vers l'âge de 5 à 7 jours et sont entièrement recouverts 2 à 3 jours plus tard. Leurs yeux s'ouvrent vers le 10e jour (un peu plus chez le Roborovski). À partir de là, ils sont aussi capables de se déplacer et commencent à quitter le nid, puis à explorer leur environnement, souvent ramenés par la peau du cou au bercail par leur mère ! En effet, celle-ci ne relâche pas la surveillance sur sa nichée.

Hamsters de Roborovski d'un jour.

Hamsters russes avec jeunes d'à peu près deux semaines.

Hamsters de Roborovski âgés d'une semaine.

Le sevrage des petits

Vers le 10e jour, les hamsters essaient de grignoter leurs premiers aliments solides. Certains éleveurs fournissent des aliments frais, comme la pomme ou la carotte, plus faciles à manger que les graines dures. Mais, encore faut-il que les parents aient été habitués à ces produits pour pouvoir en distribuer à la famille. Pomme et carotte ont l'avantage d'être riches en eau, ce qui permet d'hydrater les petits. L'eau est en effet un problème, dans le sens où les biberons sont inadaptés aux très jeunes (trop hauts, trop durs...) et la présence d'une écuelle, même peu remplie, est dangereuse pour eux, à ce stade.

▸ **Le sevrage complet** demande encore une autre dizaine de jours. C'est alors que vous devez commencer à manipuler les jeunes, afin d'en faire des animaux familiers, sans risquer de stresser la mère. Il n'est pas nécessaire de garder chaque sujet en main longtemps, mais une prise très régulière est indispensable. Seuls les animaux convenablement familiarisés à cette période feront de charmants compagnons.

Les jeunes Hamsters de Roborovski ont maintenant 3 semaines.

Jeune hamster russe perlé âgé de 5 semaines.

À SAVOIR

Faut-il séparer les jeunes dès le sevrage ?

Normalement, cela n'est pas indispensable et l'agressivité des parents envers eux est assez faible. Toutefois, si la mère donne naissance à une nouvelle portée, il est préférable de les ôter de la cage pour leur sécurité et pour ne pas prendre le risque de stresser cette dernière.
Par ailleurs, gardez à l'esprit que la maturité sexuelle intervient plutôt rapidement : il ne faudra pas laisser les petits avec les parents plus d'une quinzaine de jours, par sécurité. Les jeunes peuvent être logés tous ensemble, mais pour les mêmes raisons que précédemment, il est souhaitable de loger les mâles ensemble et les filles de leur côté.

Coin infos

Remerciements

- Nathalie et Alain Arbentz de La ferme de Branges, et la famille Delaperrière de l'Élevage de Bel Air, pour nous avoir autorisés à photographier leurs animaux.
- La société HAGEN France pour le prêt d'images.

Réalisation

▸ **L'auteur** Renaud Lacroix est un passionné d'animaux familiers. De formation scientifique, il pratique l'élevage, la maintenance et la reproduction de plusieurs espèces : amphibiens, oiseaux, insectes, rongeurs et poissons.

▸ **Le photographe** Philippe Rocher a réalisé de nombreux reportages photographiques animaliers et collabore depuis de nombreuses années avec l'association Agronomes et Vétérinaires sans Frontières. Il est l'auteur des photos de *Octodons, Les poissons rouges, L'aquarium d'eau douce, Bouvreuils, chardonnerets et autres petits oiseaux européens, Le diamant mandarin,* et de *Les poissons combattants.*

Crédits photographiques

Toutes les photos sont de Philippe Rocher,
sauf celles de la page 37 (prêt de la société Hagen).

8, rue Blanche
75009 Paris
Tél. : 01 48 05 03 03
Fax : 01 48 05 02 04
www.editions-ulmer.fr

Réalisation : Bénédicte Dumont
Suivi éditorial : Raphaèle Dorniol
Impression : Alcione, Trento
Printed in Italy

Dépôt légal : novembre 2013

ISBN : 978-2-84138-632-1
N° d'édition : 632-01

Responsabilité

L'auteur et l'éditeur se sont efforcés d'apporter les informations les plus fiables possibles. Des erreurs ne peuvent toutefois être totalement exclues. Aucune garantie quant à l'exactitude des informations ne peut donc être donnée. Leur responsabilité pour les dommages éventuels qui pourraient en résulter ne pourra être juridiquement invoquée.

Index

Aux éditions Ulmer
dans la même collection

conseils et astuces

Les hamsters nains sont des animaux un peu difficiles, alors fais-toi aider par un grand au moins au début !

Des gourmands

Tes hamsters nains sont de gros gourmands. Il faut faire attention à ne pas leur donner trop à manger, surtout des choses riches en graisse et en sucre. Sinon, ils deviennent obèses et leur durée de vie est raccourcie. Pour leur faire plaisir, tu peux en revanche leur trouver facilement des friandises. Au printemps, lorsque les herbes dans le fond du jardin, qu'on appelle graminées, commencent à produire des épis, attends que les graines qui garnissent ces épis soient formées et mûres, puis coupe les délicatement pour ne pas que les grains ne tombent. Tu verras : les épis se mettent à jaunir lorsqu'ils sont prêts, comme le blé dans les champs. Laisse sécher ta récolte à plat dans une cagette dont le fond est recouvert de journal, durant une bonne quinzaine de jours au moins. Tu peux alors en donner deux ou trois épis par jour à tes animaux : en général, ils adorent ça ! Avec tes parents, tu peux aussi t'amuser à chercher sur un livre les noms de ces plantes, car ils sont très drôles : amourette, brize, pâturin, avoine folle...